Zwergenstübchen

Zwergenstübchen

Weihnachtsbäckerei

Vehling **V** Verlag

Berlin • Werl i.W. • Basel • Graz

Bei den Zwergen beginnt jedes Jahr im November die Weihnachtsbäckerei.
Zuerst verwandeln die Zwerge ihre Küche in eine Weihnachts-Backstube.
Danach setzen sie sich zusammen, wählen ihre Weihnachts-Backrezepte aus
und schreiben die Einkaufsliste. Anschließend gehen die Zwerge zur Mühle,
zum Hühnerhof und Kaufladen um sich alle Backzutaten zu besorgen.
Wieder zu Hause angekommen machen sie sich ans Werk - es werden Teige
geknetet, Plätzchen ausgestochen und schon bald schieben sie die ersten
Backbleche in den Ofen. Ganz wunderbar duftet es nun in der Küche
nach feinen Plätzchen und allerlei Gewürzen.
Freuen Sie sich nun liebe Leser auf die köstlichen Plätzchen- und
Weihnachtskuchen-Rezepte aus der Zwergenstübchen Weihnachts-Backstube.
Eine schöne Adventszeit und Fröhliche Weihnachten
wünscht die ganze Zwergenschar.

Elke Schuster

Die Zwerge backen Weihnachtsplätzchen

Süße Zwergen-Brezeln

375 g Mehl, 50 g Zucker, 1 Päckchen Vanillezucker, 1/2 Becher Crème fraîche, 250 g Butter zu einem glatten Teig verarbeiten. Nach dem Kaltstellen den Teig auf einer bemehlten Arbeitsfläche ca. 1/2 cm dick auswellen und mit einem Förmchen Brezeln ausstechen. Die Oberfläche der Brezeln mit süßer Sahne bestreichen, Hagelzucker darüber streuen, anschließend auf ein mit Back-Trennpapier ausgelegtes Backblech geben. Im vorgeheizten Backofen bei 200 Grad ca. 15 Minuten backen.

Früchte-Spießchen

Zutaten:
Verschiedene Früchte
z.B. Äpfel, Birnen,
Bananen, Mandarinen
etwas Zitronensaft
Holzspießchen

Zubereitung:
Die Früchte z.B. Äpfel, Birnen
in Stückchen, Bananen in Scheiben schneiden, mit Zitronensaft
beträufeln und abwechselnd auf
Holzspießchen stecken.

Quark-Dip

Zutaten:
250 g Quark
150 g Naturjogurt
$1/2$ Becher süße Sahne
3 Esslöffel Zucker
1 Päckchen Vanillezucker

Zubereitung:
Alle Zutaten verrühren. Den
Quark-Dip gut gekühlt zu den
Früchte-Spießchen servieren.

Festtags-Gugelhupf

Zutaten:
250 g Butter
200 g Zucker
6 Eigelb
100 g Mehl
$3/4$ Päckchen Backpulver
50 g feine Haferflocken
200 g gemahlene Haselnüsse
150 g Schokolade
100 ml Milch
6 Eiweiß

Zubereitung:
Butter schaumig schlagen. Abwechselnd Zucker, Eigelb zufügen, cremig rühren. Nach und
nach das mit Backpulver vermischte Mehl, die Haferflocken,
Haselnüsse, im Wasserbad geschmolzene, leicht abgekühlte
Schokolade und Milch einrühren. Zum Schluss das steifgeschlagene Eiweiß unterziehen.
Den Teig in eine gefettete, mit
Semmelbrösel ausgestreute Gugelhupfform füllen. Im vorgeheizten Backofen bei 175 Grad
ca. 1 Stunde backen. Nach dem
Auskühlen Puderzucker über
den Festtags-Gugelhupf stäuben, Früchte-Spießchen und
Quark-Dip dazu reichen.

8

NUSS-GEBÄCK

Zutaten:

250 g Butter

250 g Zucker

6 Eier

250 g gemahlene Haselnüsse

250 g geriebene Schokolade

$^{1}/_{2}$ Teelöffel Zimt

75 g Mehl

25 g Speisestärke

1 Messerspitze Backpulver

Zubereitung:

Butter schaumig schlagen. Abwechselnd Zucker und Eier dazugeben, gut rühren. Danach Haselnüsse, Schokolade, Zimt sowie das mit Speisestärke und Backpulver vermischte Mehl unterrühren. Den Teig auf ein mit Back-Trennpapier ausgelegtes Backblech streichen (ca. 2 cm dick). Im vorgeheizten Backofen bei 180 Grad etwa 15 Minuten backen, anschließend in Quadrate schneiden. Nach dem Auskühlen Puderzucker über das Nuss-Gebäck stäuben.

MANDELPLÄTZCHEN

Zutaten:

375 g Mehl

200 g Zucker

$1/2$ Päckchen Vanillezucker

$1/2$ Teelöffel Zimt

1 Messerspitze Nelken

125 g gemahlene Mandeln

1 Ei

250 g Butter

1 Eigelb

Hagelzucker

Ausstecherförmchen

Zubereitung:

Die Zutaten zu einem Mürbteig verarbeiten. Nach dem Kaltstellen den Teig auf einer bemehlten Arbeitsfläche nicht zu dick auswellen und Plätzchen ausstechen.

Diese auf ein mit Back-Trennpapier ausgelegtes Backblech geben, etwa 8 Stunden ruhen lassen. Anschließend alle Plätzchen mit etwas Wasser verquirltem Eigelb bestreichen, Hagelzucker darüber streuen und im vorgeheizten Backofen bei 180 Grad ca. 15 Minuten backen.

MARMELADEGEBÄCK

Zutaten:
250 g Mehl
150 g Zucker
1 Teelöffel Zimt
60 g gemahlene Mandeln
2 Eier
150 g Butter

Marmelade
1 Eigelb

runde Ausstecherform
ca. 5 cm Ø

Zubereitung:
Die Zutaten zu einem Mürbteig verarbeiten, 3 Stunden kaltstellen. Danach den Teig auf einer bemehlten Arbeitsfläche etwa $1/2$ cm dick auswellen.

Nun runde Plätzchen ausstechen, in die Mitte jeweils etwas Marmelade geben, anschließend jedes zu einem Halbkreis zusammen klappen, die Ränder gut andrücken. Alle Plätzchen mit etwas Wasser verquirltem Eigelb bestreichen. Im vorgeheizten Backofen bei 200 Grad ca. 10 Minuten backen.

KIRSCHKUGELN

Zutaten:
250 g Mehl
1 Messerspitze Backpulver
100 g Zucker
1 Päckchen Vanillezucker
1 Ei
125 g Butter

1 Glas Kirschen
etwas Puderzucker
und Zimt

Zubereitung:
Zuerst den Mürbteig zubereiten, diesen 2 Stunden kaltstellen. Anschließend den Teig auf einer bemehlten Arbeitsfläche ca. $1/2$ cm dick auswellen. Nun etwa 7 cm große Quadrate aus der Teigplatte schneiden, jeweils eine gut abgetropfte Kirsche in die Mitte legen, den Teig darüber ziehen und zu einer Kugel formen. Alle Kirschkugeln auf ein mit Back-Trennpapier ausgelegtes Backblech geben. Im vorgeheizten Backofen bei 200 Grad ca. 15 Minuten backen, danach vom Blech nehmen und in dem mit Zimt vermischten, gesiebten Puderzucker wälzen.

ZWERGENSTÜBCHENS WEIHNACHTSBÄCKEREI

Orangenplätzchen

Zutaten:
250 g Mehl, 100 g Zucker,
2 Esslöffel Orangensaft, 150 g Butter,
125 g Puderzucker, 3 Esslöffel Orangensaft,
Ausstecherförmchen

Zubereitung:
Mehl, Zucker, Orangensaft, Butter zu
einem Mürbteig verarbeiten, kaltstellen.
Danach den Teig auf einer bemehlten
Arbeitsfläche nicht zu dick auswellen und
Plätzchen ausstechen. Diese auf ein mit Back-
Trennpapier ausgelegtes Backblech geben.
Im vorgeheizten Backofen bei 200 Grad ca.
10 Minuten backen. Puderzucker mit
Orangensaft glatt rühren und die Glasur
über die noch heißen Plätzchen streichen.

KOKOS-NUSS-MAKRONEN

Zutaten:

4 Eiweiß

200 g Zucker

125 g Rosinen

400 g gehackte Mandeln

150 g gehackte Haselnüsse

100 g Kokosraspel

4 Feigen

Zubereitung:

Eiweiß steif schlagen, löffelweise den Zucker zufügen, gut mitrühren. Anschließend Rosinen, Mandeln, Haselnüsse, Kokosraspel und die in kleine Streifen geschnittenen Feigen untermengen. Danach Teighäufchen auf ein mit Back-Trennpapier ausgelegtes Backblech setzen. Im vorgeheizten Backofen bei 180 Grad ca. 15 Minuten backen.

Zutaten:

Teig:

250 g Mehl

1 Messerspitze Backpulver

130 g Zucker

1 Esslöffel Kakao

1 Ei

150 g Butter

Belag:

1 Ei

75 g Zucker

1 Teelöffel Zimt

150 g gemahlene Haselnüsse

6 Äpfel

etwas Zitronensaft

5 Esslöffel Apfelgelee

Zubereitung:

Teigzutaten zu einem Mürbteig verarbeiten, kaltstellen. Für den Belag Ei, Zucker, Zimt schaumig schlagen, die Haselnüsse einrühren sowie einen geschälten, geriebenen Apfel untermischen.

Den auf einer bemehlten Arbeitsfläche ausgewellten Teig in eine gefettete Kuchenform geben, die Nussmasse gleichmäßig darüber verteilen. Restliche Äpfel schälen, vierteln, Kerngehäuse entfernen, mit Zitronensaft beträufeln und auf die Nussmasse legen. Apfelgelee erwärmen, die Hälfte davon über die geviertelten Äpfel streichen. Im vorgeheizten Backofen bei 200 Grad 20 Minuten backen. Die Äpfel nochmals mit Gelee bestreichen, in weiterer 25 Minuten fertig backen. Nach dem Auskühlen Puderzucker über den Apfel-Marmelade-Kuchen stäuben.

FEINES SPRITZGEBÄCK

Zutaten:

180 g Butter

150 g Zucker

1 Päckchen Vanillezucker

1 Ei

200 g Mehl

1 Messerspitze Backpulver

125 g gemahlene Mandeln

2 Esslöffel Kakao

1/2 Teelöffel Zimt

Zubereitung:

Butter schaumig schlagen. Nach und nach Zucker, Vanillezucker, Ei zufügen, cremig rühren. Löffelweise das mit Backpulver vermischte Mehl, Mandeln, Kakao und Zimt einrühren. Den Teig ca. 1 1/2 Stunden kaltstellen. Anschließend auf ein mit Back-Trennpapier ausgelegtes Backblech Stäbchen spritzen.

Im vorgeheizten Backofen bei 200 Grad ca. 10 Minuten backen. In der Zwergenstübchen-Weihnachtsbäckerei wird das Spritzgebäck entweder in geschmolzene Kuvertüre getaucht oder etwas Puderzucker darüber gestäubt.

HAFERFLÖCKCHEN

Zutaten:

100 g Mehl

1/2 Päckchen Backpulver

150 g Zucker

1 Päckchen Vanillezucker

100 g Haferflocken

100 g gemahlene Mandeln

1 Ei

50 ml Milch

125 g Butter

Zubereitung:

Alle Zutaten zu einem glatten Teig kneten, ca. 1/2 Stunde kaltstellen. Danach Teighäufchen auf ein mit Back-Trennpapier ausgelegtes Backblech spritzen. Im vorgeheizten Backofen bei 200 Grad etwa 10 Minuten backen. Anschließend die Haferflöckchen nach Belieben mit der im Wasserbad geschmolzenen Kuvertüre verzieren.

NUSS-KNUSPERCHEN

Zutaten:

100 g Butter

200 g Zucker

2 Eier

100 g Mehl

50 g Speisestärke

1 Messerspitze Backpulver

1 Teelöffel Zimt

200 g gemahlene Mandeln

1 Eigelb

1 Esslöffel Sahne

50 g gehackte Mandeln

50 g Zucker

Zubereitung:

Butter schaumig schlagen. Abwechselnd Zucker sowie Eier zufügen, cremig rühren. Nacheinander Mehl, Speisestärke, Backpulver, Zimt und Mandeln einrühren.

Nun den Teig auf einem mit Back-Trennpapier ausgelegtem Backblech gleichmäßig verteilen. Eigelb, Sahne verquirlen, die Teigplatte damit bestreichen und das Mandel-Zucker-Gemisch darüber streuen. Im vorgeheizten Backofen bei 200 Grad ca. 15 Minuten backen, danach in beliebige Stücke schneiden z.B. Streifen, Rauten, Rechtecke.

KOKOS-SCHNITTEN

Zutaten:

250 g Mehl

80 g Zucker

1 Päckchen Vanillezucker

1 Ei

150 g Butter

etwas Marmelade

100 g Butter

100 g Zucker

1 Päckchen Vanillezucker

4 Esslöffel Wasser

200 g Kokosraspel

Zubereitung:

Mehl, Zucker, Vanillezucker, Ei, Butter zu einem Mürbteig verarbeiten, kaltstellen. Danach den Teig auf einer bemehlten Arbeitsfläche ca. $1/2$ cm dick rechteckig auswellen und auf ein mit Back-Trennpapier ausgelegtes Backblech geben.

Die zuvor leicht erwärmte Marmelade darüber streichen. Butter schmelzen lassen, Zucker, Vanillezucker, Wasser, Kokosraspel einrühren, etwas abgekühlt auf der Marmelade verteilen. Im vorgeheizten Backofen bei 180 Grad ca. 20 Minuten backen, nun in Rechtecke schneiden. Nach Belieben die Kokos-Schnitten mit geschmolzener Kuvertüre verzieren.

LEBKUCHEN-PLÄTZCHEN

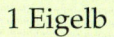

Zutaten:

Teig:

250 g Mehl

125 g Zucker

1 Teelöffel Zimt

$1/2$ Teelöffel Lebkuchengewürz

1 Ei

1 Esslöffel süße Sahne

125 g Butter

1 Eigelb

1 Esslöffel süße Sahne

gehackte Pistazien

Ausstecherförmchen

Zubereitung:

Alle Zutaten zu einem glatten Teig kneten, ca. $1/2$ Stunde kaltstellen. Nun den Teig auf einer bemehlten Arbeitsfläche nicht zu dick auswellen und Plätzchen ausstechen. Diese auf ein mit Back-Trennpapier ausgelegtes Backblech geben. Eigelb und Sahne verquirlen, die Plätzchen damit bestreichen, danach Pistazien darüber streuen. Im vorgeheizten Backofen bei 200 Grad ca. 10 Minuten backen.

ZWERGENSTÜBCHENS ADVENTS-QUICHE

Zutaten:

250 g Mehl

100 g Zucker

1 Päckchen Vanillezucker

1 Ei

2 Esslöffel Wasser

125 g Butter

750 g Äpfel

etwas Zucker

und Zimt

etwas Milch

Zubereitung:

Mehl, Zucker, Vanillezucker, Ei, Wasser, Butter zu einem Mürbteig verarbeiten, kaltstellen. Nun Äpfel schälen, Kerngehäuse entfernen und in dünne Scheiben schneiden. Die Hälfte des Teiges auf einer bemehlten Arbeitsfläche auswellen, danach in eine gefettete Quicheform legen.

Alle Apfelscheiben gleichmäßig darauf verteilen, mit Zucker und Zimt bestreuen. Über die Apfelschicht den restlichen, ausgewellten Teig geben, diesen am Rand fest andrücken.

Vor dem Backen in die Mitte der Teigplatte ein kleines Loch schneiden. Anschließend die Teigoberfläche mit Milch bestreichen und Zucker darüber streuen.

Im vorgeheizten Backofen bei 200 Grad etwa 40 Minuten backen. Das Advents-Quiche ausgekühlt mit Puderzucker bestäuben.

ZIMTGEBÄCK

Zutaten:

2 Eier

2 Eigelb

250 g Zucker

200 g Mehl

50 g Speisestärke

2 Teelöffel Zimt

Zubereitung:

Eier und Eigelb schaumig schlagen, löffelweise Zucker dazugeben, cremig rühren. Danach das mit Speisestärke und Zimt vermischte Mehl unterrühren. Nun Teighäufchen auf ein mit Back-Trennpapier ausgelegtes Backblech nicht zu dicht setzen. Im vorgeheizten Backofen bei 210 Grad ca. 15 Minuten backen.

Feine Zwergenplätzchen

Zutaten:

125 g Haferflocken, 250 g Mehl, 1/2 Päckchen Backpulver,
200 g kleingeschnittene Butter, 250 g Zucker, 1 Päckchen Vanillezucker, 150 g Kokosraspel, 3 Esslöffel Kakao, 2 Eier, 3 Esslöffel Sahne

Zubereitung:

Haferflocken in etwas Butter leicht anrösten. Diese abgekühlt mit
Mehl und Backpulver vermischen. Die restlichen Zutaten dazugeben,
alles zu einem glatten Teig verarbeiten. Danach Teighäufchen auf ein
mit Back-Trennpapier ausgelegtes Backblech nicht zu dicht setzen. Im
vorgeheizten Backofen bei 200 Grad ca. 20 Minuten backen.

WINTERBROT DER ZWERGE

Zutaten:
750 g Äpfel
150 g Zucker
100 g Rosinen
400 g Mehl
1 1/2 Päckchen Backpulver
125 g grob gehackte Haselnüsse
1 Esslöffel Kakao
1/2 Teelöffel Zimt
1 Messerspitze Nelken
1/2 Päckchen Lebkuchengewürz

Zubereitung:
Äpfel schälen, Kerngehäuse entfernen und grob raspeln. Zucker sowie Rosinen untermischen, gut durchziehen lassen. Nun Mehl, Backpulver, Haselnüsse, Kakao, Gewürze vermengen, Äpfel dazugeben, alles zu einem glatten Teig kneten. Diesen in eine gefettete Kastenform füllen und im vorgeheizten Backofen bei 180 Grad ca. 1 Stunde backen. Nach dem Auskühlen Puderzucker über das Winterbrot stäuben.

Teigrezept

Zutaten:
500 g Mehl
200 g Zucker
2 Päckchen Vanillezucker
4 Eigelb
3 Esslöffel Crème fraîche
250 g Butter

Zubereitung:
Alle Teigzutaten zu einem glatten Teig kneten, kaltstellen. Anschließend diesen wie in den beiden Rezepten angegeben weiter verarbeiten.

Kuvertüre-Stäbchen

Zubereitung:
Aus der Hälfte des Teiges Stäbchen auf ein mit Back-Trennpapier ausgelegtes Backblech spritzen. Im vorgeheizten Backofen bei 200 Grad ca. 10 Minuten backen. Nun die Stäbchen in geschmolzene Kuvertüre tauchen.

Marmelade-Kugeln

Zubereitung:
Aus der anderen Hälfte des Teiges kleine Kugeln formen. Diese auf ein mit Back-Trennpapier ausgelegtes Backblech setzen. Nun in jede Kugel mit dem Kochlöffelstiel eine Vertiefung drücken und etwas Gelee hinein füllen. Im vorgeheizten Backofen bei 200 Grad ca. 15 Minuten backen.

ADVENTS-KUCHEN

Zutaten:

6 Eier

250 g Zucker

200 g Mehl

50 g Speisestärke

$^1/_2$ Päckchen Backpulver

2 Esslöffel Kakao

1 Teelöffel Zimt

1 $^1/_2$ Teelöffel Lebkuchengewürz

$^1/_2$ Becher Jogurt

150 g zerlassene Butter

Zubereitung:

Eier schaumig schlagen, löffelweise Zucker zufügen, cremig
rühren. Mehl, Speisestärke, Backpulver, Kakao, Gewürze über
die Eiercreme sieben, alles gut
verrühren. Jogurt sowie die zerlassene, abgekühlte Butter unterziehen.

Nun den Teig in eine gefettete
mit Semmelbrösel ausgestreute
Kranzform füllen. Im vorgeheizten Backofen bei 175 Grad ca.
55 Minuten backen. Nach dem
Auskühlen Puderzucker über
den Advents-Kuchen stäuben.

INGWER-WEIHNACHTSPLÄTZCHEN

Ingwer-Schoko-Gebäck

Zutaten:

200 g Mehl

50 g Speisestärke

1 Teelöffel Backpulver

120 g Zucker

1 Päckchen Vanillezucker

1 Teelöffel Ingwer

1 Ei

120 g Butter

Ausstecherförmchen

Zubereitung:

Alle Zutaten zu einem glatten Teig kneten, ca. 3 Stunden kaltstellen. Nun den Teig auf einer bemehlten Arbeitsfläche nicht zu dick auswellen und Plätzchen ausstechen. Diese auf ein mit Back-Trennpapier ausgelegtes Backblech geben. Im vorgeheizten Backofen bei 180 Grad etwa 15 Minuten backen. Die Plätzchen mit der im Wasserbad geschmolzenen Kuvertüre verzieren.

Ingwer-Schoko-Schnitten

Zutaten:

125 g Butter

200 g Zucker

1 Päckchen Vanillezucker

4 Eier

250 g Mehl

1 Teelöffel Backpulver

$1/2$ Päckchen Ingwer

200 g Schokoraspel

Zubereitung:

Butter schaumig schlagen. Abwechselnd Zucker, Vanillezucker, Eier zufügen, cremig rühren. Löffelweise das mit Backpulver, Ingwer vermischte Mehl einrühren und Schokoraspel untermengen. Den Teig auf ein mit Back-Trennpapier ausgelegtes Backblech streichen. Im vorgeheizten Backofen bei 180 Grad ca. 20 Minuten backen. Danach in Quadrate schneiden, mit geschmolzener Kuvertüre bestreichen.

Schokoladen-Würfel

Zutaten:

300 g Butter, 250 g Zucker, 6 Eigelb, 300 g Schokolade,
100 g Mehl, 50 g Speisestärke, 1 Messerspitze Backpulver,
150 g gemahlene Mandeln, 6 Eiweiß

Zubereitung:

Butter schaumig schlagen. Abwechselnd Zucker, Eigelb zufügen,
cremig rühren. Danach die im Wasserbad geschmolzene, leicht abgekühlte
Schokolade sowie löffelweise das mit Speisestärke, Backpulver und
Mandeln vermischte Mehl einrühren, steifgeschlagenes Eiweiß unterziehen.
Den Teig auf ein mit Back-Trennpapier ausgelegtes Backblech streichen.
Im vorgeheizten Backofen bei 170 Grad ca. 30 Minuten backen, auf einem
Kuchengitter auskühlen lassen und in kleine Würfel schneiden.

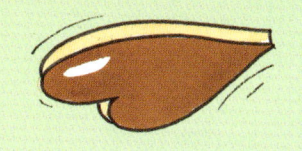

MARZIPAN-SCHNITTEN

Zutaten:

220 g Mehl

1/2 Teelöffel Backpulver

60 g Zucker

1 Eigelb

150 g Butter

6 Esslöffel Gelee

200 g Marzipan-Rohmasse

1 Eigelb

1 Esslöffel süße Sahne

Zubereitung:

Aus Mehl, Backpulver, Zucker, Eigelb, Butter einen Mürbteig zubereiten, kaltstellen. Jeweils die Hälfte des Teiges auf einer bemehlten Arbeitsfläche rechteckig auswellen. Beide Teigplatten mit Gelee bestreichen, den zwischen Frischhalte-Folie ausgewellten Marzipan darauf legen und von der Längsseite her aufrollen.

Eigelb, Sahne verquirlen, die Rollen damit bestreichen. Diese auf ein mit Back-Trennpapier ausgelegtes Backblech geben. Im vorgeheizten Backofen bei 175 Grad ca. 25 Minuten backen und leicht abgekühlt in Stücke schneiden.

ZUCKER-ZIMT-PLÄTZCHEN

Zutaten:

250 g Mehl

200 g Zucker

125 g gemahlene Haselnüsse

2 Eigelb

150 g Butter

2 Eigelb

2 Esslöffel süße Sahne

40 g Zucker

1 Teelöffel Zimt

200 g Kuvertüre

Ausstecherförmchen

Zubereitung:

Mehl, Zucker, Haselnüsse, Eigelb, Butter zu einem glatten Teig kneten, kaltstellen. Diesen auf einer bemehlten Arbeitsfläche auswellen, Plätzchen ausstechen. Eigelb, Sahne verquirlen, die Plätzchen damit bestreichen, das Zucker-Zimt-Gemisch darüber streuen und auf ein mit Back-Trennpapier ausgelegtes Backblech geben. Im vorgeheizten Backofen bei 180 Grad ca. 15 Minuten backen. Die Unterseite der ausgekühlten Plätzchen mit geschmolzener Kuvertüre bestreichen.

NOUGAT-KEKSE

Zutaten:

Teig:

250 g Mehl

100 g Zucker

2 Päckchen Vanillezucker

$1/2$ Becher Crème fraîche

150 g Butter

Dekoration:

150 g Butter

250 g Nussnougat

1 Esslöffel Rosenwasser

runde Ausstecherform

Zubereitung:

Teigzutaten zu einem glatten Teig verarbeiten, ca. 2 Stunden kaltstellen. Danach den Teig auf einer bemehlten Arbeitsfläche auswellen, runde Plätzchen ausstechen und auf ein mit Back-Trennpapier ausgelegtes Backblech geben. Im vorgeheizten Backofen bei 180 Grad etwa 15 Minuten backen. Für den Belag Butter schaumig schlagen. Nach und nach das in Stückchen geschnittene Nougat sowie Rosenwasser einrühren. Anschließend die Creme in einen Spritzbeutel füllen und auf jedes erkaltete Plätzchen eine Rosette spritzen. Die Nougat-Kekse kaltstellen.

MANDELECKEN

Zutaten:

Teig:

250 g Mehl

1 Messerspitze Backpulver

100 g Zucker

1 Päckchen Vanillezucker

1 Ei

125 g Butter

Belag:

180 g Butter

200 g Zucker

50 g Honig

2 Esslöffel süße Sahne

1/2 Teelöffel Zimt

200 g gemahlene Mandeln

Zubereitung:

Teigzutaten zu einem Mürbteig verarbeiten. Nach dem Kaltstellen den Teig auf einer bemehlten Arbeitsfläche rechteckig auswellen, anschließend auf ein mit Back-Trennpapier ausgelegtes Backblech geben und im vorgeheizten Backofen bei 175 Grad ca. 15 Minuten vorbacken.

Währenddessen den Belag zubereiten. Die Butter schmelzen, nacheinander Zucker, Honig, Sahne, Zimt, Mandeln einrühren. Das Mandel-Gemisch auf die vorgebackene Teigplatte streichen, in etwa 10 Minuten fertig backen. Diese leicht ausgekühlt in Quadrate von ca. 6 cm, danach in Dreiecke schneiden und mit geschmolzener Kuvertüre verzieren.

MANDELKUCHEN

Zutaten:

Teig:

250 g Mehl

1 Messerspitze Backpulver

100 g Zucker

1 Päckchen Vanillezucker

1 Ei

1 Esslöffel Crème fraîche

100 g Butter

Belag:

150 g Butter

50 g Puderzucker

3 Eigelb

2 Teelöffel Zimt

1 Messerspitze Nelken

3 Eiweiß

100 g Zucker

200 g gemahlene Mandeln

100 g gemahlener Zwieback

Zubereitung:

Die Teigzutaten zu einem Mürbteig verarbeiten, kaltstellen. Den Teig auf einer bemehlten Arbeitsfläche auswellen und in eine gefettete Springform legen. Im vorgeheizten Backofen bei 200 Grad 10 Minuten vorbacken. Für den Belag Butter schaumig schlagen.

Abwechselnd Zucker, Eigelb, Gewürze zufügen, cremig rühren. Eiweiß steif schlagen, nach und nach Zucker einrieseln lassen, gut mitrühren. Etwa 1/3 der Eischneemasse mit der Butter-Eigelbcreme vermischen. Restlichen Eischnee, Mandeln, Zwieback unterziehen, auf dem vorgebackenen Kuchenboden verteilen und in ca. 35 Minuten fertig backen.

ZITRONENGEBÄCK

Zutaten:

2 Eiweiß

200 g Zucker

1 Zitrone

400 g gemahlene Mandeln

Zubereitung:

Eiweiß steif schlagen. Nach und nach Zucker, abgeriebene Zitronenschale sowie den Zitronensaft dazugeben, gut mitrühren. Nun die Mandeln untermischen und den Teig 1 Stunde kaltstellen. Anschließend Teighäufchen auf ein mit Back-Trennpapier ausgelegtes Backblech setzen. Im vorgeheizten Backofen bei 175 Grad ca. 20 Minuten backen. Das Gebäck mit Zitronenglasur verzieren.

Kokoskugeln

Zutaten:

200 g weiße Kuvertüre, 50 g Kokosfett,
70 g Butter, 50 g Puderzucker,
1 Päckchen Vanillezucker, 1 Esslöffel
süße Sahne, 2 Esslöffel Kakao,
200 g Kokosraspel

Zubereitung:

Kuvertüre, Kokosfett, Butter in einen
Topf geben und bei schwacher Hitze
unter Rühren schmelzen lassen.
Nacheinander Puderzucker, Vanille-
zucker, Sahne, Kakao, Kokosraspel
einrühren. Aus der abgekühlten
Masse Kugeln formen und nach
Belieben in Kokosraspel wälzen.

DIE BESTEN FESTTAGS-KÄSEKUCHEN DER ZWERGE

Käsekuchen I

Zutaten:

Teig:

200 g Mehl

1 Messerspitze Backpulver

75 g Zucker

1 Päckchen Vanillezucker

1 Ei

100 g Butter

Belag:

5 Eigelb

150 g Zucker

1 Päckchen Vanillezucker

1 kg Schichtkäse

1 Becher süße Sahne

200 ml Milch

2 Esslöffel Mehl

1 Päckchen Vanille-
puddingpulver

5 Eiweiß

100 g Zucker

Zubereitung:

Teigzutaten zu einem Mürbteig verarbeiten, kaltstellen. Für den Belag Eigelb, Zucker, Vanillezucker schaumig schlagen. Nacheinander Schichtkäse, Sahne, Milch, Mehl, Puddingpulver einrühren. Eiweiß steif schlagen, Zucker einrieseln lassen, gut mitrühren, anschließend unter die Quarkmasse ziehen. Den Teig auf einer bemehlten Arbeitsfläche auswellen, in eine gefettete Springform legen und die Quarkcreme gleichmäßig darauf verteilen. Im vorgeheizten Backofen bei 180 Grad ca. 1 $\frac{1}{4}$ Stunden backen. Der Käsekuchen sollte noch 10 Minuten im ausgeschalteten Backofen stehen bleiben.

Danach auf ein Kuchengitter stürzen, Springformrand vorsichtig öffnen, nun Kuchenformboden entfernen, Springformrand wieder schließen und etwa 2 Stunden auskühlen lassen.

Käsekuchen II

Zutaten:

Teig:

200 g Mehl

1 Messerspitze Backpulver

75 g Zucker

1 Päckchen Vanillezucker

2 Eigelb

2 Esslöffel Wasser

100 g Butter

Belag:

100 g Butter

200 g Zucker

7 Eigelb

1 kg Schichtkäse

2 Becher Schmand

3 Esslöffel Milch

3 Esslöffel Speisestärke

7 Eiweiß

Zubereitung:

Aus den Teigzutaten einen Mürbteig zubereiten, kaltstellen. Für den Belag Butter schaumig schlagen. Abwechselnd Zucker, Eigelb zufügen und cremig rühren. Nacheinander Schichtkäse, Schmand, Milch, Speisestärke einrühren sowie steifgeschlagenes Eiweiß unterziehen. Den Teig auf einer bemehlten Arbeitsfläche auswellen, in eine gefettete Springform legen. Die Quarkmasse gleichmäßig darauf verteilen. Im vorgeheizten Backofen bei 180 Grad ca. 1 $\frac{1}{4}$ Stunden backen. Der Käsekuchen sollte im ausgeschalteten Backofen 10 Minuten stehen bleiben, danach aus dem Ofen nehmen und zum Auskühlen noch etwa 2 Stunden in der Form lassen.

MARMELADE-PLÄTZCHEN

Zutaten:

375 g Mehl

180 g Zucker

1 Päckchen Vanillezucker

2 Eigelb

250 g Butter

1 Glas Gelee

125 g Puderzucker

etwas Wasser

runde Ausstecherform
ca. 5 cm Ø

Zubereitung:

Mehl, Zucker, Vanillezucker, Eigelb, Butter zu einem Mürbteig
verarbeiten, kaltstellen. Danach
den Teig auf einer bemehlten
Arbeitsfläche auswellen, runde
Plätzchen ausstechen und auf
ein mit Back-Trennpapier ausgelegtes Backblech geben. Im
vorgeheizten Backofen bei 190
Grad etwa 10 Minuten backen.
Nun auf jeweils ein noch heißes
Plätzchen Gelee streichen, mit
einem anderen abdecken. Anschließend Puderzucker, etwas
Wasser sowie 2 Teelöffel Gelee
verrühren, die Oberseite der
Plätzchen damit glasieren und
zum Trocknen auf ein Kuchengitter setzen.

SCHOKO-MAKRÖNCHEN

Zutaten:

3 Eiweiß

etwas Zitronensaft

200 g Zucker

150 g gemahlene Haselnüsse

100 g geriebene Schokolade

1 Päckchen Vanillezucker

1 Esslöffel Kakao

1 Teelöffel Zimt

Zubereitung:

Eiweiß steif schlagen. Unter Rühren Zitronensaft zufügen sowie Zucker einrieseln lassen. Restliche Zutaten vermischen, löffelweise in den Eischnee einrühren. Nun Teighäufchen auf ein mit Back-Trennpapier ausgelegtes Backblech spritzen. Im vorgeheizten Backofen bei 160 Grad etwa 20 Minuten backen. Nach Belieben mit geschmolzener Kuvertüre verzieren.

MANDELGEBÄCK

Zutaten:

125 g gemahlene Mandeln
1 Teelöffel Speisestärke
150 g Zucker
1 Päckchen Vanillezucker
$1/2$ Teelöffel Zimt
1 Eigelb
2 Eiweiß
gehobelte Mandeln

Zubereitung:

Mandeln, Speisestärke, Zucker,
Vanillezucker, Zimt vermischen.
Eigelb mit Eiweiß verquirlen, zu
den Mandeln geben, gut verrühren. Nun Teighäufchen auf ein
mit Back-Trennpapier ausgelegtes
Backblech nicht zu dicht setzen.
Über jedes Plätzchen gehobelte
Mandeln streuen. Im vorgeheizten Backofen bei 170 Grad etwa
10 Minuten backen.

Grießplätzchen

3 Eiweiß zu steifem Schnee schlagen.

Unter Rühren 1 Teelöffel Zitronensaft zufügen.

200 g Zucker und
1 Päckchen Vanillezucker einrieseln lassen.

60 g Grieß sowie
125 g gemahlene Mandeln vorsichtig einrühren.

Teighäufchen auf ein mit Back-Trennpapier
ausgelegtes Backblech setzen.

Im vorgeheizten Backofen bei 175 Grad
ca. 15 Minuten backen.

MARZIPAN-MAKRONEN

Zutaten:

100 g Kokosraspel

2 Eiweiß

125 g Puderzucker

1 Päckchen Vanillezucker

200 g Marzipan-Rohmasse

1 Esslöffel Rosenwasser

Zubereitung:

Kokosraspel auf ein Backblech geben. Diese bei 100 Grad 20 Minuten trocknen lassen (Backofentüre nicht schließen). Nun das Eiweiß steif schlagen. Puderzucker, Vanillezucker sowie Marzipanstückchen in den Eischnee einrühren. Kokosraspel und Rosenwasser zufügen, alles gut vermengen.

Anschließend kleine Häufchen auf ein mit Back-Trennpapier ausgelegtes Backblech setzen. Im vorgeheizten Backofen bei 150 Grad ca. 30 Minuten backen. Die Makronen nach Belieben mit geschmolzener Kuvertüre verzieren.

FEINE HASELNÜSSCHEN

Zutaten:

175 g Butter

150 g Zucker

1 Päckchen Vanillezucker

3 Eiweiß

125 g gemahlene Haselnüsse

250 g Mehl

1 Messerspitze Backpulver

1 Teelöffel Zimt

Zubereitung:

Butter schaumig schlagen. Nach und nach Zucker, Vanillezucker, Eiweiß dazugeben, gut mitrühren. Restliche Zutaten vermischen, löffelweise unter die cremige Masse rühren. Nun Teighäufchen auf ein mit Back-Trennpapier ausgelegtes Backblech spritzen.

Im vorgeheizten Backofen bei 200 Grad ca. 10 Minuten backen. Nach Belieben die Plätzchen mit der im Wasserbad geschmolzenen Haselnussglasur überziehen und jeweils in die Mitte eine Haselnuss setzen.

HONIGKUCHEN

Zutaten:

150 g Butter
200 g Honig
50 g Zucker
2 Eier
200 g grob gehackte
Haselnüsse
300 g Mehl
1 Päckchen Backpulver
2 Esslöffel Kakao
1 Teelöffel Zimt
1 Messerspitze Nelken
2 Teelöffel Lebkuchen-
gewürz

Zubereitung:

Butter schaumig schlagen. Nach und nach Honig, Zucker, Eier zufügen, gut mitrühren. Danach die Haselnüsse untermengen. Restliche Zutaten vermischen, löffelweise in die Teigmasse einrühren. Den Teig in eine gefettete Kastenform füllen. Im vorgeheizten Backofen bei 180 Grad ca. 50 Minuten backen. Den ausgekühlten Kuchen mit Puderzucker bestäuben.

WINTER-STOLLEN

Zutaten:

175 g Butter

200 g Zucker

1 Päckchen Vanillezucker

2 Eier

250 g Quark

500 g Mehl

1 Päckchen Backpulver

125 g gemahlene Mandeln

^{1}/$_2$ Päckchen Christstollen-Gewürz

Saft einer halben Zitrone

250 g Rosinen

40 g Zitronat

40 g Orangeat

50 g zerlassene Butter

Zubereitung:

Die Butter schaumig schlagen. Abwechselnd Zucker, Vanillezucker, Eier zufügen, cremig rühren. Nacheinander Quark, Mehl mit Backpulver vermischt, Mandeln, Christstollen-Gewürz, Zitronensaft, Rosinen, Zitronat und Orangeat zufügen, alles zu einem glatten Teig kneten.

Diesen in eine gefettete Stollenform geben und auf ein gefettetes Backblech stürzen. Im vorgeheizten Backofen bei 180 Grad 1 Stunde backen. Die Stollenform abnehmen, in weiteren ca. 15 Minuten fertig backen. Den heißen Stollen mit zerlassener Butter bestreichen und Puderzucker darüber stäuben.

SCHNEE-ÄPFEL

Zutaten:

6 Äpfel

3 getrocknete Pflaumen

1 Esslöffel Rosinen

1 Esslöffel gemahlene

Haselnüsse

1 Teelöffel Zimt

1 Esslöffel Honig

1 Esslöffel Sahne

einige Butterflöckchen

1 Eiweiß

50 g Zucker

Zubereitung:

Aus jedem Apfel das Kerngehäuse herausstechen. Danach kleingeschnittene Pflaumen, Rosinen, Haselnüsse, Zimt, Honig, Sahne verrühren und die Äpfel damit füllen. Diese in eine gefettete Auflaufform setzen, Butterflöckchen über den Äpfeln verteilen.

Im vorgeheizten Backofen bei 180 Grad 30 Minuten backen. Eiweiß steif schlagen, die Hälfte des Zuckers langsam einrühren, den restlichen Zucker vorsichtig unterziehen. Anschließend die Schaummasse auf die Äpfel geben und bei 120 Grad etwa 1 Stunde trocknen lassen. Zu den Schnee-Äpfeln servieren die Zwerge gerne Vanille-Eis.

BUNTE PLÄTZCHEN

Zutaten:

200 g Butter

180 g Zucker

1 Päckchen Vanillezucker

300 g Mehl

50 g Speisestärke

1 Teelöffel Backpulver

1 Eigelb

1 Esslöffel Sahne

verschiedene Ausstecher-
förmchen

Zubereitung:

Butter schaumig schlagen. Löffelweise Zucker sowie Vanillezucker
zufügen, cremig rühren. Mehl,
Speisestärke und Backpulver dazugeben, alles zu einem glatten
Teig verarbeiten. Anschließend
etwa 2 Stunden kaltstellen, danach auf einer bemehlten Arbeitsfläche auswellen.

Nun verschiedene Plätzchen
ausstechen, diese auf ein mit
Back-Trennpapier ausgelegtes
Backblech setzen. Eigelb, Sahne
verquirlen, die Plätzchen damit
bestreichen und zum Schluß
beliebig dekorieren. Im vorgeheizten Backofen bei 175 Grad
ca. 15 Minuten backen.

MARZIPAN-GELEE-PLÄTZCHEN

Zutaten:

250 g Mehl

80 g Zucker

1 Päckchen Vanillezucker

1 Ei

125 g Butter

400 g Marzipan-Rohmasse

6 Esslöffel Rosenwasser

3 Esslöffel Wasser

etwas Gelee

runde Ausstecherform

Zubereitung:

Mehl, Zucker, Vanillezucker, Ei, Butter zu einem Mürbteig verarbeiten. Nach dem Kaltstellen den Teig auf einer bemehlten Arbeitsfläche nicht zu dick auswellen, Plätzchen ausstechen. Diese auf ein mit Back-Trennpapier ausgelegtes Backblech setzen.

Danach den kleingeschnittenen Marzipan mit Rosenwasser und Wasser gut verrühren. Die Masse in einen Spritzbeutel füllen und auf jedes Plätzchen einen Kreis spritzen. Im vorgeheizten Backofen bei 200 Grad ca. 15 Minuten backen. Zum Schluss das Gelee erhitzen und in die Mitte der ausgekühlten Plätzchen geben.

Zutaten:
250 g Butter
200 g Zucker
1 Päckchen Vanillezucker
6 Eier
300 g gemahlene Mandeln
50 g Mehl
1 Päckchen Backpulver

2 Esslöffel Kakao
1 Teelöffel Zimt
2 Becher süße Sahne
1 Päckchen Vanillezucker
2 Päckchen Sahnesteif
$^1/_2$ Glas Marmelade
Schokoraspel

Zubereitung:
Butter schaumig schlagen. Abwechselnd Zucker, Vanillezucker, Eier zufügen, cremig rühren. Mandeln, Mehl, Backpulver, Kakao, Zimt vermischen, zu der Schaummasse geben, alles gut verrühren. Nun den Teig in eine gefettete Springform füllen.

Im vorgeheizten Backofen bei 180 Grad ca. 40 Minuten backen. Sahne, Vanillezucker, Sahnesteif schlagen, die Marmelade unterrühren, anschließend auf den erkalteten Kuchen streichen. Zum Schluß den Zwergenkuchen mit Schokoraspel bestreuen.

54

HONIG-PLÄTZCHEN

Zutaten:

Teig:

125 g Honig

200 g Zucker

150 g Butter

50 g gemahlene Mandeln

450 g Mehl

1 Päckchen Backpulver

1 1/2 Teelöffel Lebkuchengewürz

1 Teelöffel Zimt

2 Esslöffel Milch

Glasur:

150 g Puderzucker

etwas Zitronensaft

Zubereitung:

Honig, Zucker, Butter in einem
Topf erwärmen. Mandeln, Mehl,
Backpulver, Lebkuchengewürz,
Zimt, Milch vermischen, zu der
Honig-Butter geben und alles
zu einem glatten Teig verarbei-
ten, ca. 1 Stunde kaltstellen. Aus
dem Teig Kugeln formen, diese
etwas flachgedrückt auf ein mit
Back-Trennpapier ausgelegtes
Backblech setzen. Im vorgeheiz-
ten Backofen bei 175 Grad ca. 20
Minuten backen. Puderzucker
und Zitronensaft verrühren, die
Plätzchen damit bestreichen,
nach Belieben Schoko- oder
Zuckerstreusel darüber streuen.

KÖSTLICHE LEBKUCHEN

Zutaten:

350 g Mehl

300 g Zucker

1 Päckchen Vanillezucker

200 g gemahlene Mandeln

1 Päckchen Lebkuchen-
gewürz

$1/2$ Teelöffel Nelken

2 Teelöffel Zimt

1 Päckchen Backpulver

150 g Butter

2 Esslöffel Honig

250 ml Milch

4 Eier

1 Esslöffel Honig

etwas Wasser

Zubereitung:

Mehl, Zucker, Vanillezucker, Mandeln, Lebkuchengewürz, Nelken, Zimt, Backpulver vermischen. Nun Butter und Honig schmelzen lassen, Milch sowie nacheinander die Eier einrühren, anschließend zum Mehl-Mandelgemisch geben, alles gut verrühren.

Den Teig auf ein gefettetes Backblech gießen. Im vorgeheizten Backofen bei 200 Grad etwa 20 Minuten backen. Währenddessen Honig und Wasser unter Rühren leicht erwärmen, über die noch heiße Teigplatte streichen, etwas abgekühlt in Quadrate schneiden. Die Lebkuchen nach Belieben mit abgezogenen Mandeln verzieren.

Zutaten:

500 g Mehl
1 Würfel Hefe
150 g Zucker
$1/4$ l Milch
150 g Butter
100 g gemahlene Mandeln
1 Teelöffel Zimt
$3/4$ Päckchen Christstollen-gewürz
180 g Rosinen
30 g Orangeat
30 g Zitronat
50 g zerlassene Butter

Zubereitung:

Das Mehl in eine Schüssel sieben. In die Mitte eine Mulde drücken, Hefe hinein bröckeln, etwas Zucker darüber streuen. Hefe und Zucker mit etwas lauwarmer Milch glatt rühren, mit Mehl bestäuben. Die Schüssel mit einem Geschirrtuch abdecken. Den Vorteig 15 Minuten gehen lassen. Danach restliche Milch, weiche Butter, Mandeln sowie Gewürze zufügen, alles zu einem glatten Teig kneten.

Diesen so lange abschlagen bis er Blasen wirft, sich von der Schüssel löst und glänzt. Nun Rosinen, Orangeat, Zitronat einarbeiten, Mehl darüber stäuben, danach den Teig mit einem Tuch abdecken. Bei Zimmertemperatur etwa 1 Stunde gehen lassen (bis er sich verdoppelt hat). Nochmals durchkneten und in eine gefettete Stollenform geben. Diese auf ein gefettetes Backblech stürzen, weitere 30 Minuten gehen lassen. Den Stollen im vorgeheizten Backofen bei 180 Grad 1 Stunde backen. Die Stollenform abnehmen, in weiteren ca. 15 Minuten fertig backen. Den heißen Stollen mit zerlassener Butter bestreichen und anschließend Puderzucker darüber stäuben.

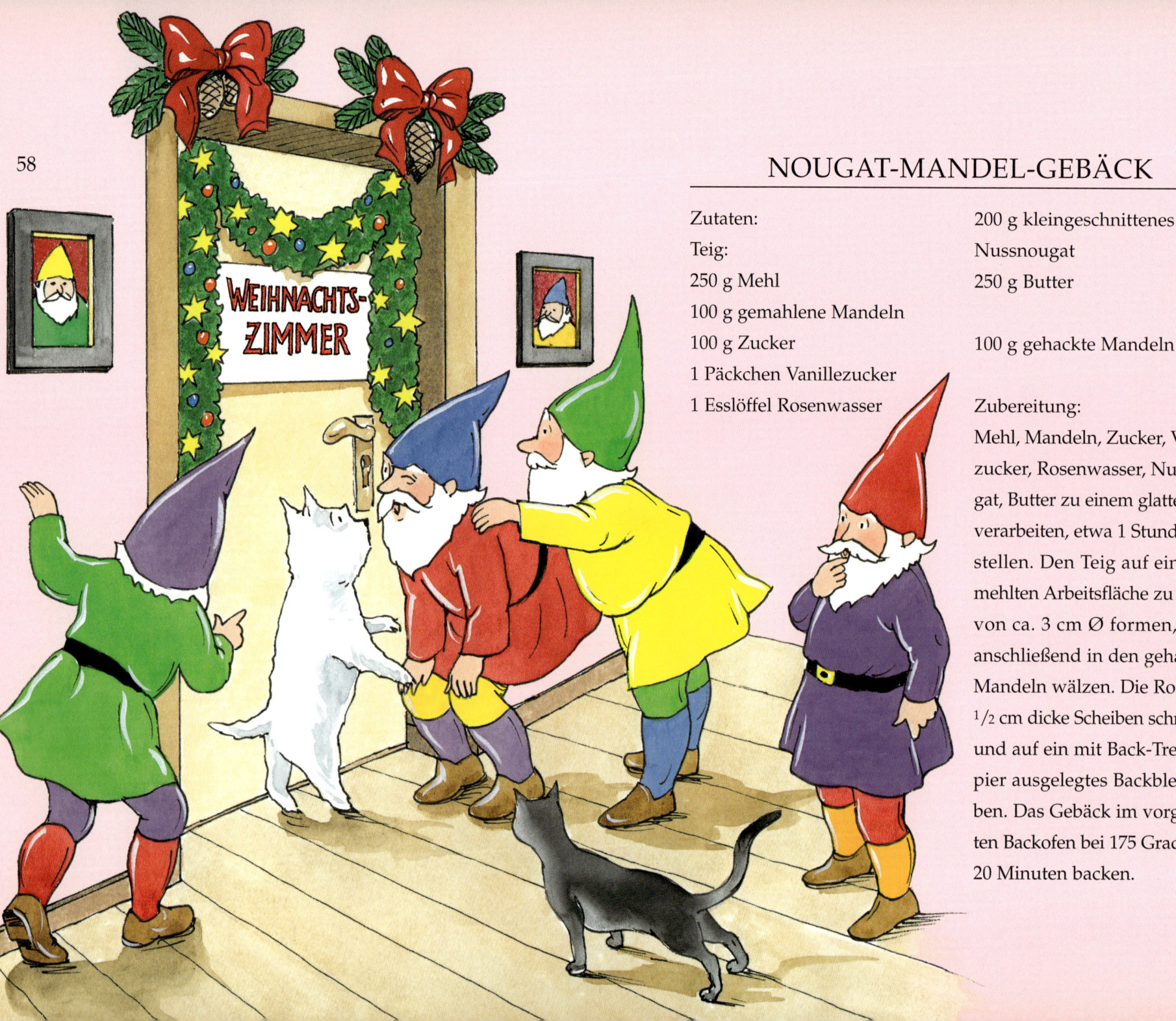

NOUGAT-MANDEL-GEBÄCK

Zutaten:

Teig:

250 g Mehl

100 g gemahlene Mandeln

100 g Zucker

1 Päckchen Vanillezucker

1 Esslöffel Rosenwasser

200 g kleingeschnittenes Nussnougat

250 g Butter

100 g gehackte Mandeln

Zubereitung:

Mehl, Mandeln, Zucker, Vanillezucker, Rosenwasser, Nussnougat, Butter zu einem glatten Teig verarbeiten, etwa 1 Stunde kaltstellen. Den Teig auf einer bemehlten Arbeitsfläche zu Rollen von ca. 3 cm Ø formen, diese anschließend in den gehackten Mandeln wälzen. Die Rollen in $1/2$ cm dicke Scheiben schneiden und auf ein mit Back-Trennpapier ausgelegtes Backblech geben. Das Gebäck im vorgeheizten Backofen bei 175 Grad etwa 20 Minuten backen.

Mürbteig-Zubereitung

Zutaten:

Entsprechend den Angaben beim jeweiligen Rezept.

Zubereitung:

Das Mehl auf eine Arbeitsfläche sieben. In die Mitte eine Vertiefung drücken, Zucker und Ei hinein geben, mit etwas Mehl verrühren. Auf den Mehlrand die kalte, kleingeschnittene Butter legen, alles zu einem glatten Teig kneten. Diesen zugedeckt etwa 1 Stunde bis zur Weiterverarbeitung in den Kühlschrank stellen.

PLÄTZCHEN:	
Bunte Plätzchen	51
Feine Haselnüsschen	46
Feine Zwergenplätzchen	23
Feines Spritzgebäck	15
Grießplätzchen	44
Haferflöckchen	16
Honig-Plätzchen	54
Ingwer-Schoko-Gebäck	28
Ingwer-Schoko-Schnitten	29
Kirschkugeln	11
Kokoskugeln	37
Kokos-Nuss-Makronen	13
Kokos-Schnitten	18
Köstliche Lebkuchen	55
Kuvertüre-Stäbchen	25
Lebkuchen-Plätzchen	19
Mandelecken	34
Mandelgebäck	43

Mandelplätzchen	10
Marmeladegebäck	11
Marmelade-Kugeln	25
Marmelade-Plätzchen	40
Marzipan-Gelee-Plätzchen	52
Marzipan-Makronen	45
Marzipan-Schnitten	31
Nougat-Kekse	32
Nougat-Mandel-Gebäck	58
Nuss-Gebäck	8
Nuss-Knusperchen	17
Orangenplätzchen	12
Schokoladen-Würfel	30
Schoko-Makrönchen	42
Süße Zwergen-Brezeln	5
Zimtgebäck	22
Zitronengebäck	36
Zucker-Zimt-Plätzchen	31

KUCHEN:	
Advents-Kuchen	26
Apfel-Marmelade-Kuchen	14
Festtags-Gugelhupf	7
Honigkuchen	47
Käsekuchen I	38
Käsekuchen II	39
Mandelkuchen	35
Winterbrot der Zwerge	24
Winter-Stollen	48
Zwergenkuchen vom Weihnachtsmarkt	53
Zwergenstübchens Advents-Quiche	20
Zwergen-Weihnachts-stollen	57

LECKEREIEN:	
Früchte-Spießchen	7
Quark-Dip	7
Schnee-Äpfel	49
Mürbteig-Zubereitung	59

Meine Weihnachts-Backrezepte

Gesamtherstellung:	Vehling Verlag GmbH, Berlin
Produktion:	Elke Schuster
Mitarbeit:	Zwergenstübchenmütter
Illustration:	Margret Hoss
Fotografie:	Axel Waldecker
Layout:	Die Repro
Lithografie:	Die Repro

www.vehlingbuch.de

Schön zu lesen und leicht zu backen mit ausgesuchten Rezepten von Kuchen, Torten, Waffeln und Plätzchen. Das Zwergenstübchen Backbuch für die ganze Familie.

Art.-Nr. 264

Zwergenstübchen

Hier begleiten uns die Zwerge durch Frühling, Sommer, Herbst und Winter. Mit wenig Aufwand und einfachen Mitteln geben sie Anregungen und zeigen wie Sie mit Ihrer Familie den Jahresablauf gestalten können.

Art.-Nr. 267

Die erfolgreiche Serie

Auf Wunsch vieler Leser kochten unsere Zwerge ganz fleißig und stellten für Sie leckere Rezepte zusammen. Unsere Kochzwerge legten viel Wert auf eine gesunde Küche und suchten Rezepte aus, die schnell, einfach und leicht nachzukochen sind.

Art.-Nr. 318

In der Zwergen-Backstube duftet es nach frisch gebackenen Plätzchen. Plätzchenrezepte und andere Leckereien, die das ganze Jahr über „zwergig gut" gelingen und schmecken.

Art.-Nr. 283

für Mutter und Kind

Für alle treuen Zwergenstübchen-Fans haben die Zwerge noch einmal tief in die geheimnisvolle Rezepte-Truhe gegriffen und präsentieren uns das 2. Zwergenstübchen Backbuch mit tollen neuen Rezepten.

Art.-Nr. 260

Viele farbige Abbildungen und lustige Illustrationen.
Format: 30 x 21,5 cm

Viele Überraschungen halten die Zwerge für Sie bereit – unter anderem ein lustiges Puppenfest, schöne Stunden auf dem Bauernhof sowie fröhliche Spiele für Regentage und Sonnenschein.

Art.-Nr. 528

Kochen für Freunde ist gefüllt mit den leckersten Zwergenstübchen Kochrezepten. Die Zwergenköche wählten viele tolle Rezepte aus - vom herzhaften Essen bis zum festlichen Menü.

Art.-Nr. 622

Backen für Freunde überrascht Sie mit vielen süßen, pikanten und gut schmeckenden Backrezepten. Zu jedem Anlass finden Sie leckere Backideen um Ihre Familie und Freunde zu verwöhnen.

Art.-Nr. 621

Viel Freude bei der Vorbereitung und Gestaltung eines unvergeßlichen Kindergeburtstages und herzlichen Glückwunsch allen Geburtstagskindern wünschen wir mit dem Zwergenstübchen Geburtstagsbuch.

Art.-Nr. 374

Freuen Sie sich auf ein abwechslungsreiches Kochen und Backen rund um die Kartoffel mit den vielfältigsten Rezepten aus der heimischen Küche sowie feinen internationalen Spezialitäten.

Art.-Nr. 560

Alle Zwergenstübchenfamilien möchten die Advents- und Weihnachtszeit gemeinsam mit Ihnen verbringen. Die besten Ideen hierzu finden Sie in diesem Buch. Wie immer liebevoll für Sie zusammengestellt.

Art.-Nr. 372

Die ABC Zwerge präsentieren Ihnen die Zwergenstübchen Tortenparade. Das Buch ist gefüllt mit Tortenköstlichkeiten von A - Z für die ganze Familie, die nach Zwergenart leicht nachzubacken sind und bestens schmecken.

Art.-Nr. 557

Natur Erleben ist ein wunderbares Buch den Naturkreislauf mit den Zwergen kennenzulernen und dabei die verschiedenen Jahreszeiten zu durchstreifen.

Art.-Nr. 590

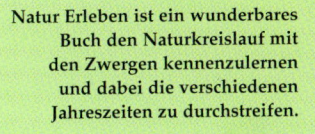

Zwergenstübchen Nudelzauber enthält die feinsten Nudelrezepte für die ganze Familie. Freuen Sie sich auf die köstlichen Nudelgerichte in unserem zauberhaften Nudelbuch.

Art.-Nr. 619

Frisch aus der Zwergenküche erhalten Sie die besten Obstrezepte. Die Zwerge haben viele fruchtige Kuchen und für alle Naschkätzchen feine, süße Obstdesserts zubereitet.

Art.-Nr. 637

In diesem Buch finden Sie die besten süßen und pikanten Auflauf-Rezepte - angefangen vom Ananas-Löffelbiskuit-Auflauf bis hin zum Zwergen-Nudel-Hit. Alle Zwerge laden Sie nun herzlich zum Ausprobieren und Genießen ein.

Art.-Nr. 640